Yoga con Papá Noel

Marcy Schaaf

Spanish

Yoga with Santa
Marcy Schaaf

Papá Noel se prepara para su noche más ajetreada del año, pero esta vez, ¡está probando algo nuevo! Antes de entregar regalos a los niños de todo el mundo, Papá Noel y la Sra. Claus desenrollan las colchonetas de yoga y practican algunos estiramientos y posturas divertidas. Desde giros de reno hasta flexiones de bastón de caramelo, ¡Santa aprende cómo el yoga lo hace sentir más fuerte, más flexible y lleno de energía! Únase a Santa en su viaje de yoga mientras encuentra una forma divertida de prepararse para su mágica aventura de Nochebuena.

Ho ho ho, ¡fluyamos!

¡Prepárate para estirarte, reír y sentir el espíritu navideño con Yoga con Santa!

Es la época más mágica del año y Papá Noel está ocupado preparándose para su gran viaje de Nochebuena. Sin embargo, entregar regalos por todo el mundo es mucho trabajo y, este año, Papá Noel quiere asegurarse de estar listo de una manera completamente nueva.

Acompaña a Papá Noel mientras descubre la alegría del yoga, los estiramientos y el movimiento para prepararse para su noche más ajetreada. Con la ayuda de la señora Claus y los elfos, Papá Noel aprende que un poco de flexibilidad, equilibrio y diversión pueden ser de gran ayuda, ¡especialmente cuando se trata de difundir la alegría navideña! ¡Saquemos nuestras colchonetas y hagamos algo de yoga con Papá Noel!

Copywrite @ 2024 Marcy Schaaf
Yoga with Santa

Santa was getting ready for his biggest night of the year.

Papá Noel se estaba preparando para su noche más grande del año.

But this year, Santa felt a bit stiff from sitting all day.

Pero este año, Santa se sintió un poco
rígido por estar sentado todo el día.

Mrs. Claus said "Yoga will make you feel flexible and strong again!"

La señora Claus dijo: "¡El yoga te hará sentir flexible y fuerte nuevamente!"

So Santa rolled out a mat and began
with a simple stretch.

Entonces Papá Noel sacó una alfombra
y comenzó con un estiramiento sencillo.

First, Santa reached his arms high,
stretching toward the North Star.

Primero, Papá Noel levantó los brazos y los estiró hacia la Estrella del Norte.

Next, Santa bent down, touching his toes
like a candy cane.

Luego, Papá Noel se inclinó y se tocó los dedos de los pies como si fueran un bastón de caramelo.

He then twisted his waist like a pretzel.
"Feeling looser already!"

Luego giró la cintura como si fuera un pretzel.
"¡Ya me siento más suelto!"

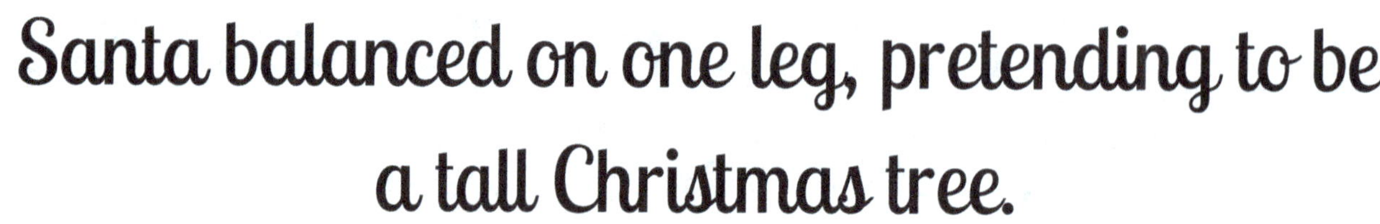

Santa balanced on one leg, pretending to be
a tall Christmas tree.

Papá Noel se balancea sobre una pierna,
simulando ser un alto árbol de Navidad.

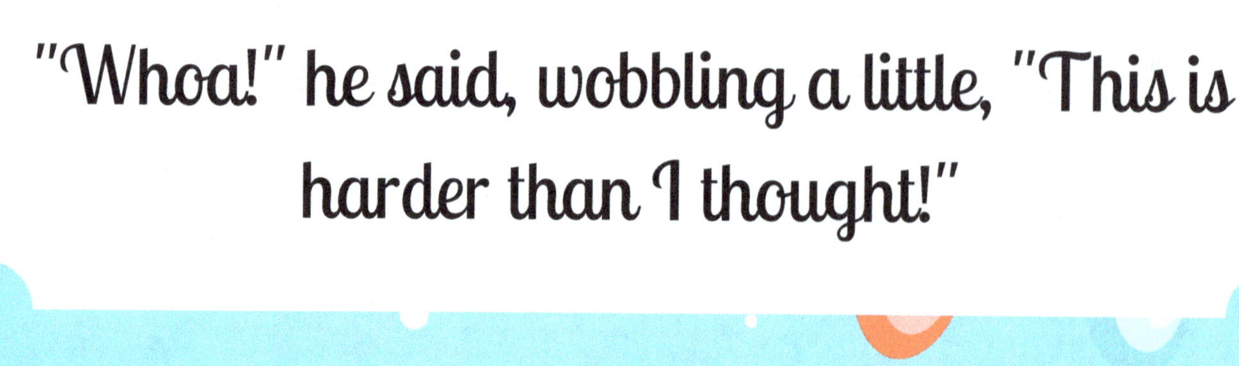
"Whoa!" he said, wobbling a little, "This is harder than I thought!"

—¡Guau! —dijo tambaleándose un poco—. ¡Esto es más difícil de lo que pensaba!

Santa did the reindeer pose, crouching low and stretching his back.

Papá Noel hizo la pose del reno,
agachándose y estirando la espalda.

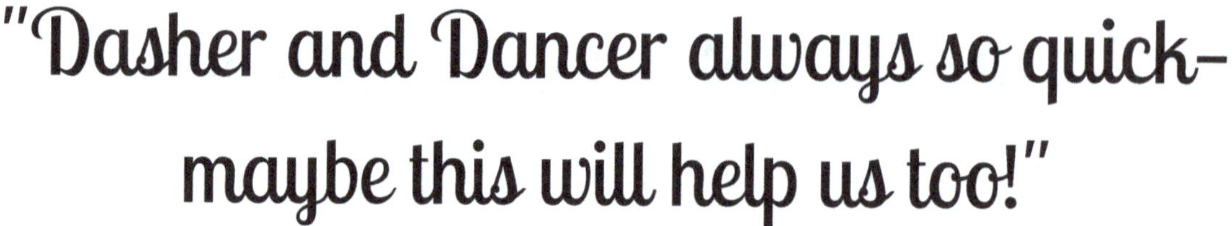
"Dasher and Dancer always so quick—
maybe this will help us too!"

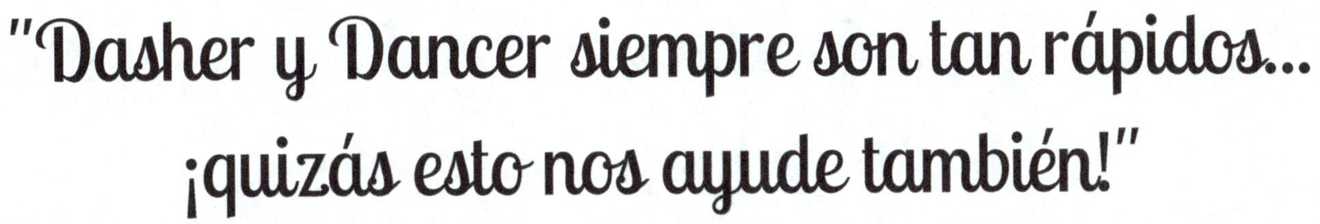
"Dasher y Dancer siempre son tan rápidos...
¡quizás esto nos ayude también!"

Prancer lifted his arms, pretending to fly like his sleigh in the night sky.

Prancer levantó los brazos, fingiendo volar
como su trineo en el cielo nocturno.

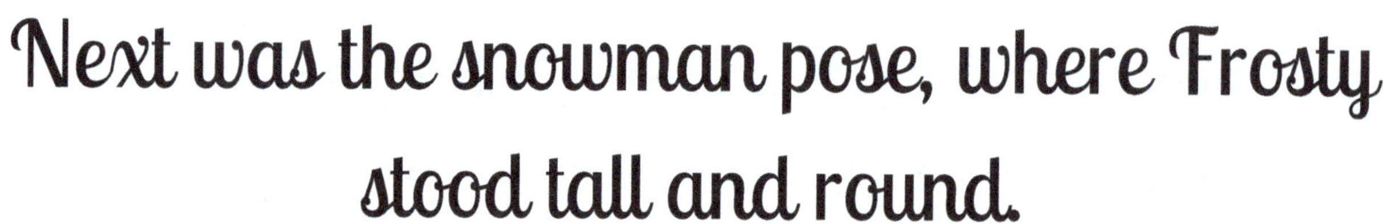

Next was the snowman pose, where Frosty
stood tall and round.

A continuación estaba la pose del muñeco de
nieve, donde Frosty se erguía alto y redondo.

"Ho ho ho!" Santa laughed.
"Look at Frosty!"

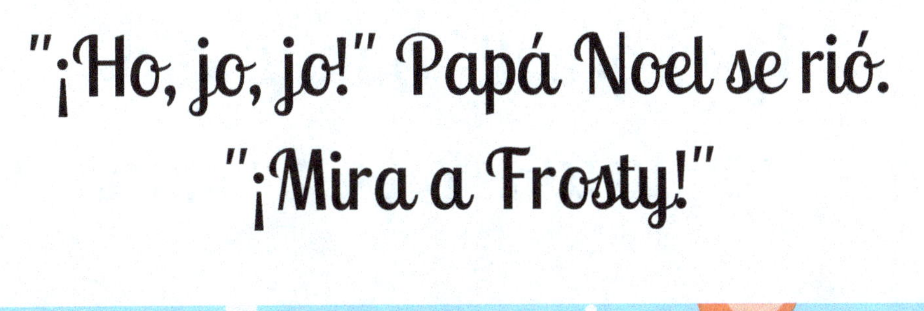

"¡Ho, jo, jo!" Papá Noel se rió.
"¡Mira a Frosty!"

"I feel great!" Santa said.
"I'm ready to take on Christmas Eve!"

"¡Me siento genial!" dijo Papá Noel.
"¡Estoy listo para afrontar la Nochebuena!"

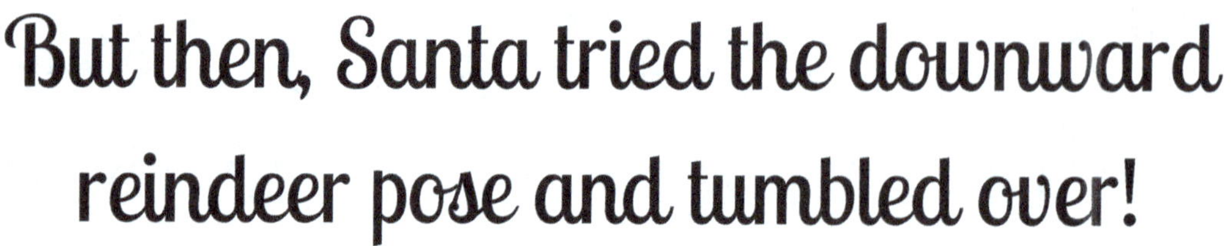

But then, Santa tried the downward reindeer pose and tumbled over!

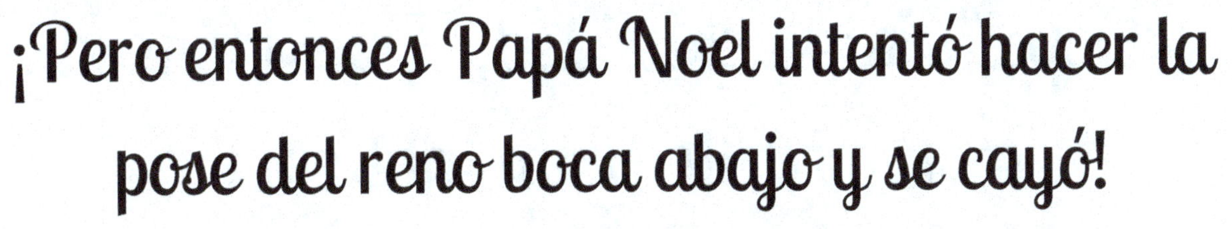
¡Pero entonces Papá Noel intentó hacer la
pose del reno boca abajo y se cayó!

"Oops!" Santa chuckled, "Guess I need more practice with that one!"

"¡Ups!", se rió Santa, "¡Supongo que necesito más práctica con eso!"

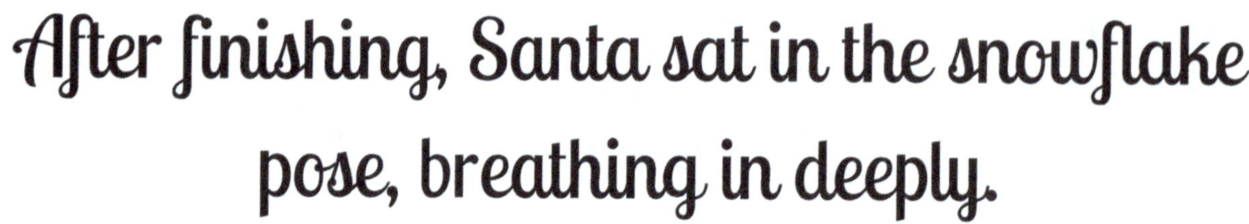

After finishing, Santa sat in the snowflake pose, breathing in deeply.

Después de terminar, Papá Noel se sentó en la postura del copo de nieve, respirando profundamente.

"Yoga makes me feel calm and strong, just what I need tonight."

"El yoga me hace sentir tranquilo y fuerte,
justo lo que necesito esta noche".

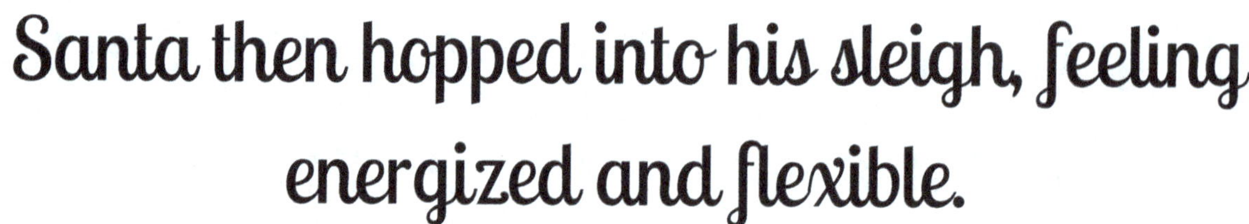

Santa then hopped into his sleigh, feeling energized and flexible.

Luego, Papá Noel subió a su trineo,
sintiéndose lleno de energía y flexible.

The reindeer galloped through the sky,
pulling Santa and his gifts.

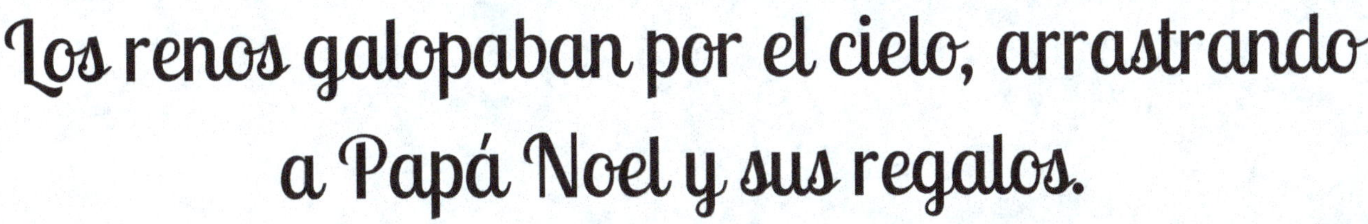

Los renos galopaban por el cielo, arrastrando
a Papá Noel y sus regalos.

He crouched down easily to fill stockings
and place gifts under trees.

Se agachó fácilmente para llenar medias y colocar regalos bajo los árboles.

Even climbing chimneys seemed easier after his yoga practice!

¡Incluso escalar chimeneas parecía más fácil después de su práctica de yoga!

"Ho ho ho!" Santa laughed. "Yoga was the perfect idea!"

"¡Jo, jo, jo!", se rió Papá Noel. "¡El yoga fue
la idea perfecta!"

By the time Santa finished, he still had plenty of energy to spare.

Cuando Papá Noel terminó,
todavía le quedaba mucha
energía de sobra.

He returned to the North Pole and stretched one more time.

Regresó al Polo Norte y se estiró una vez más.

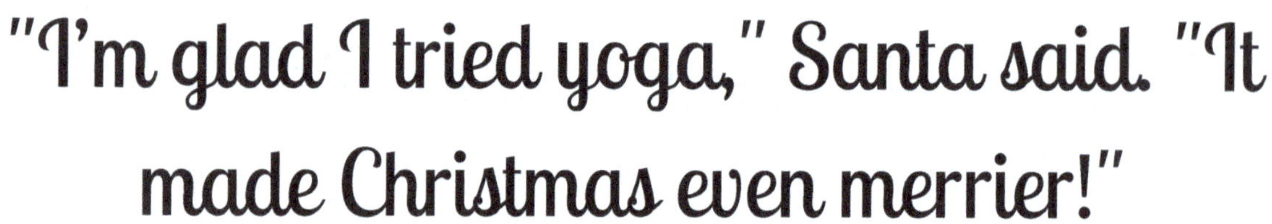

"I'm glad I tried yoga," Santa said. "It made Christmas even merrier!"

"Me alegro de haber probado el yoga", dijo Papá Noel. "¡Hizo que la Navidad fuera aún más alegre!"

"Next year, I'll teach the reindeer and elves yoga too!" Santa declared.

"¡El año que viene también les enseñaré yoga a los renos y a los elfos!", declaró Papá Noel.

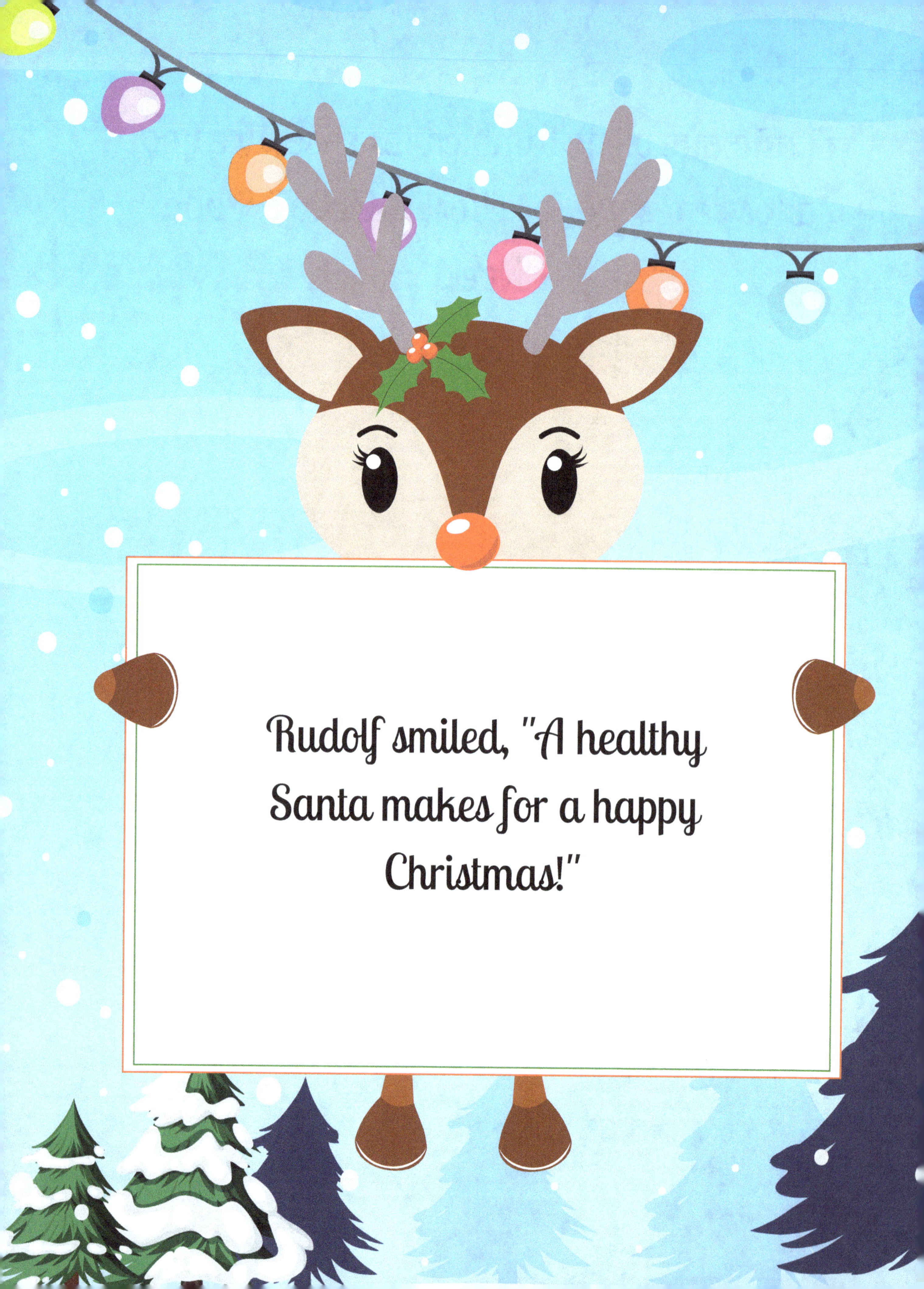
Rudolf smiled, "A healthy Santa makes for a happy Christmas!"

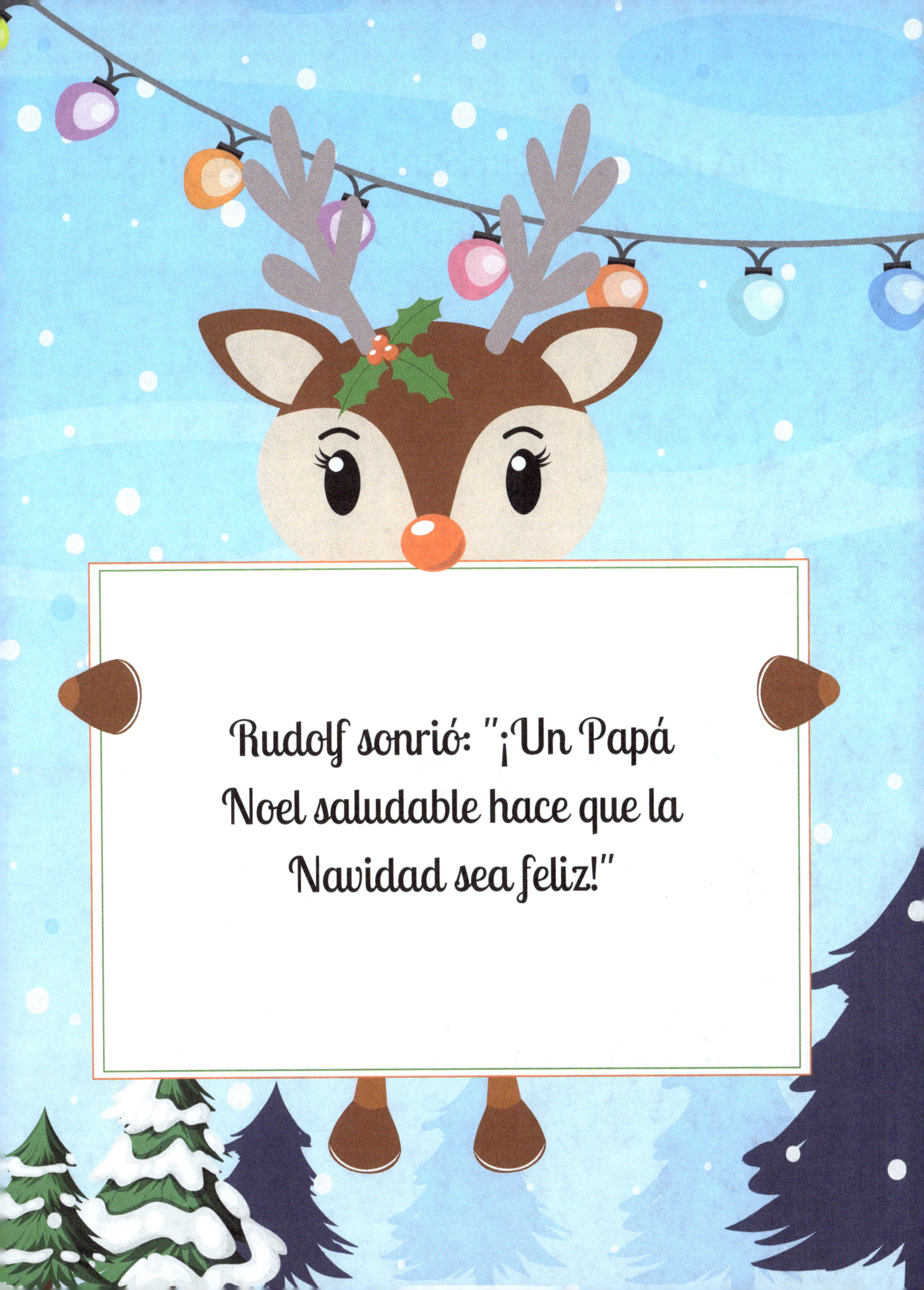

Rudolf sonrió: "¡Un Papá
Noel saludable hace que la
Navidad sea feliz!"

And from then on, Santa practiced yoga every holiday season!

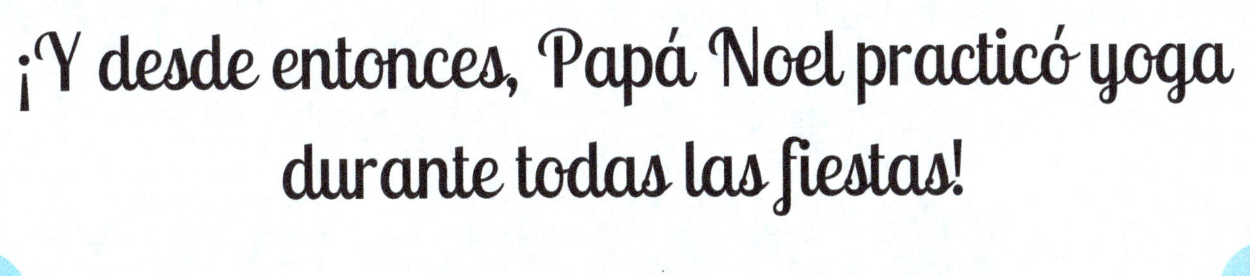

¡Y desde entonces, Papá Noel practicó yoga durante todas las fiestas!

The
End

El fin

Join Our Book of the Month Club!

Looking for the perfect gift that keeps on giving? Join our Book of the Month Club! For just $30 a month, or $300 if you purchase a year upfront, you or your loved ones will receive a handpicked children's book every month, straight to your doorstep.

Here's how it works:
Choose from 15 different languages to receive bilingual books that make learning fun.
Enjoy monthly shipments of our exclusive books that inspire, teach, and entertain children of all ages.
Each month's book is carefully selected to provide a new adventure, valuable lesson, and a chance to explore cultures from around the world.
It's the perfect gift for birthdays, holidays, or just because! Whether you're nurturing a young reader or encouraging language learning, our Book of the Month Club is designed to bring joy to every bookshelf.

Exclusive Bonus: As part of your membership, you'll also receive a monthly podcast about our featured book delivered straight to your email! Listen in for behind-the-scenes insights, fun facts, and tips for making storytime even more magical.

Sign up today at www.Booksbyschaaf.com and start enjoying the gift of reading all year long!

Books By Schaaf

www.BookBySchaaf.com

Find us at: